진원시선 · 63

순자의 고추잠자리

자연애인 지음

도서출판 진원

순자의
고추잠자리

저자 소개

자연을 사랑하며 환경에 관심이 많아 물티슈 안 쓰기,
손수건 쓰기를 하고 있습니다.
특히 나무 사랑에 남다른 관심으로 나무 수종 구별과
나무 속살 나무 환경을 이야기할 수 있으며.
숲에서의 남여 노소 안전 어린 친구들의 숲 놀이에
관심이 많으며.
밧줄 놀이로 아이들과 교감 하고있습니다.

작가의 글

도랑엔 시가 흐르고 난 그 시를 마신다

소백산 단풍 빨강 노랑 낙엽들이 도랑물을 따라 굽이쳐 쉬어 가며 강으로 바다로 지혜롭게 흐르듯, 글을 막힘없이 쓰고 싶었습니다. 그저 막 흐르고 싶어서 다듬어지지 않은 글을 썼다가 지웠다가 했습니다.

일상에서 때론 길을 가며 지인과 카톡 문자를 나누면서, 사람들의 아낌 없는 용기에 계절의 아름다움과 환경을 노래하고 싶었습니다.

어머니 이름을 세상에 남기고 싶었습니다.
감자 꽃 같고 진달래 꽃 같은 엄마 우리 엄마 순자.

책이 나오기까지 도움을 주신 여러분 감사합니다.
한 분 한 분 이름을 부르지 못해 미안합니다.
특히 우리 조카에게. 여러 선생님들 감사합니다.
비빔밥을 좋아하는 난 누구에게 도움이 되었던 적이 있었나 싶습니다.

자연애인

차 례

1부

그 길 · 12
물의 정원 · 13
날 부르는 소리 · 14
삶 · 15
효? · 16
욕심과 과욕 · 17
혼자 · 18
고집 센 막걸리병 · 19
천상병 귀천 공원 · 20
순자 · 22
눈물 · 23
인생 · 24
손님 · 25
그리움 · 26
삶 · 27
구슬픈 방귀 소리 · 28
기다림 · 30
나의 너 · 31
바람 · 32
소풍 · 33
아픈 여행 · 34

모두 다 바쁘다 · 35
생명의 길 · 36
나무는 엄마이다 · 37
기다림 · 38
지금 난 · 39
봄 · 40
진짜 · 41
난, 나는 · 42
옛이야기 · 44
정신 · 45
봄 소리 · 46
돈 · 47
아프다 · 48
강물 같은 사람 · 49
엄마 · 50
사람아 · 51
내 집은 · 52
가을 · 53
하늘이 운다 · 54
네게로 · 55

2부

유월 · 58
밤 여행 · 59
이야기 · 60
엄마의 잠자리 · 61
시간 · 62
바보 · 63
쓸쓸한 사람 · 64
갈등 · 65
미세먼지 · 66
나는 · 67
나무 · 68
공 맹자 · 69
밤 별 · 70
솔직한 술 · 71
인생 지름길 · 72
여행 · 74
낙조 · 75
상수리나무 · 76
울보 · 77
고마운 분 · 78
아픔 · 79

꿈 · 80
노안 · 81
새빨간 거짓말 · 82
자유 · 83
산 · 84
아쉬움 · 85
자화상 · 86
아침 · 87
또 하나의 우주 · 88
고마운 일이 · 89
이끼 · 90
교훈 · 91
간사한 나 · 92
결정 · 93
착각 · 94
묘하다 · 95
인생 · 96
꽃 · 97
바람 · 98
에스프레소 · 99
내 어린 날 · 100

3부

마녀 · 102
회상 · 103
중앙고속도로 · 104
초겨울 · 105
일출 · 106
애절한 임 · 107
회상 · 108
떠나는 낙엽 · 109
고추 · 110
법구경 · 111
선물 · 112
코스모스 · 113
향기 · 114
그 길 · 115
그 섬 · 116
아, · 117
천상의 향 · 118
별 보자고 하랴 · 120
마른 꽃 · 121

순자 칼국수 · 122
버들피리 · 124
계양산 · 125
누나 · 126
무 · 127
어른 · 128
인생 · 130
무 · 131
지금 · 132
사고뭉치 · 133
친구 · 134
비설거지 · 136
감사 · 137
엉터리 · 138
동생 · 139
국화 · 140
국화 · 141
라디오 · 142
여백 · 146

4부

무섬마을 · 148
무섬마을 · 149
눈 큰 아이 · 150
욕심 · 151
잔소리 · 152
기숙사 · 153
노을 · 154
아침 · 155
행복 · 156
여행 · 157
여름 · 158
약 · 159
우리 · 160
시간 · 161
꽃잎 배 · 162
시 · 163
비 · 164
말복 · 166
눈 마중 · 169
하얀 여행 · 172

인사동 나들이

수수깡 안경 · 174
찻잔 테이블 · 175
디딜방아 · 176
지게와 싸리 삼태기 회양목 피리 · 177
쟁기 · 178
조리 · 179
솟대 · 180
물레 · 181
새총 · 182
써레 · 183
목피리 · 184
코뚜레 · 185
지게 · 186
맷돌 · 187
떡메 · 188
버들피리 · 189
싸리 삼태기 · 190
목피리 · 191
소달구지 · 192
인사동 경인미술회 · 193

1부

그 길

옛길 따라 숲으로 접어들면
풋풋한 풀 향 피어나는 파란 하늘
나는 한가롭고 여유로운 곳 여기가 내 집인데
난 등 떠밀려 신발을 옮긴다.

볼을 스치는 나뭇잎
높은 소나무 푸른 하늘 찔러 당당하고
도랑엔 엄마 젖 졸 졸 졸 시를 읊고
어치 도랑에서 몸 단장하네.

물의 정원

풍경이
풍경이 날 미치게 하지요
공기는 달콤하고요
공기 감촉은 깨끗했어요

몸이 말하는 대로 그렇게 이렇게
앞으로 걷고
옆으로도 걷고
삐딱하게도 걷고
뒤로도 걷고
한쪽 팔 들어서 늘어뜨려서도 걷고
양팔 휘저으며 걷고
다정히 손에 손잡고도 걷고요
모습 모습 한 발 한 발이

아무도 없는 눈 덮인 물의 정원에 빠져
난 춤을 추었어요
나의 춤이 모든 이에 흥이 되었으면 해요

날 부르는 소리

창밖
들리는 소리 아름다운 소리

바람 햇살 초록 나뭇잎 산 계곡 바다
매미 강아지 잠자리 기러기 기차 자전거
매화 진달래 복숭아꽃 해바라기 국화
날 부르는 다정한 친구들의 소리

이 아름다운 날에 난 집 나간다
길 따라 맛나게 대장처럼 걸으리
나의 몸짓 발걸음 누구에게 방해되지 않고
흥이 되었으면 좋겠다
참 좋겠다

삶

인생
내 마음 내 욕심이 난 무섭다
내 마음 나도 몰라 무섭다
관계 사람 만남이 어렵다

인생
난 조용히 바람 따라 아름답게 흐르고 싶은데
아침 햇살 가르는 제비처럼 멋지고 싶은데
가을하늘 구름처럼 여유로워지고 싶은데
내 마음 나도 몰라 무섭다

효?

효란 무엇인가?
맹목적인가? 무조건적인가?
이유 있는 효는 없는가?

우리 임께 이유가 있으면
불효막심한 아들인가?
옛날 효와 지금에 효는 같은가?

모두가 쉬어가는 꽁꽁 언 겨울에 생각해서
이른 봄 복수초 필 때 말해보자
복수초야

욕심과 과욕

사람은 살아가면서
크고 작은 욕심이 있어야 한다
욕심이 없으면 어떻게 될까?
인류 삶 모든 것이 무의미하고 재미없을 것이다
삶에 대하여 의심해야 할 것인가

그런데 그 욕심과 과욕
과욕이 그 삶을 몽땅 앗아 간다
큰 노력이 물거품 대기도 하며
스트레스받고 병이 나고
빨리 가려다가 발병이 나기도 한다

지혜로운 삶
지혜로운 삶은 무엇인가?
욕심과 과욕을 잘 판단하는 삶
그 지혜로운 삶의 판단은
욕심 과욕은 어디에서 오는가…

혼자

뜨끈뜨끈한 물에
사르르 조각 같은 몸 녹이며
바다 멀리 지평선이 보이는 언덕 위

나만의 욕장 고무대야 속
나만의 세상 고무대야에 빠져 보자
눈발이 살짝 날리면 더 좋을 텐데

고집 센 막걸리병

애인 내 사랑 순자가 아프다
아주 많이

쓸쓸하고
외롭고 또 그래서

삭힌 홍어에
있는 고기를 좀 삶아
소성주를 했다

빈
소성주 병을 던졌다
병이 고집을 부린다
소성주에 졌나 보다

천상병 귀천 공원

아무도
아무도 없으면 어때
아무도 아무도 안 들으면 어때

혼자서
혼자서 웃으면 어때
혼자서 입이 찢어지게 웃어 보지 뭐

푸른 바다
푸른 하늘 하늘 끝까지
세상 크게 크게 한번 웃어 보지 뭐

그냥 뭐
반병이나 막걸리가 있잖아
술병에 찰랑찰랑 술이 노래하잖아

순자

달 밝으니
발걸음 느리고
발걸음 느리니

개가 난리 아우성치고
개와 말똥 내음이
잠시나마 내 마음 달래 주네

논둑길
달이 지도록 순자 씨와 노래하고 싶은데
내 영원한 애인 내 사랑 순자 님이 아프다
아파 아주 많이 아프다

눈물

엄마가 아프다
외삼촌이 엄마를 안고 우셨다
하룻밤 같이 주무시며 별말씀이 없으셨다

서로 손을 잡고
서로 눈을 마주하시고
말없이 외삼촌은 엄마 고향 영주로 가셨다
또 우셨다

인생

그는 동쪽에서 해돋이를 보고
나는 서쪽으로 석양을 보러 간다
산 넘어 물 건너 끝까지
그에게로 간다

손님

손님
손님 오신다
산허리 옛길 따라 꼬불꼬불 산길 오시듯이

갯골
구불구불 손님 오신다
아름다운 노을빛 받으며
밀물 손님 손님이 오시네

손님은 정도 데리고 오신다
갯골 갯마을 정이 스며든다
노을빛 받으며 황금빛 정이 스며든다

남해는 멸치
제주는 자리돔
서해는 바지락
동해에는 고등어가 오신다

그리움

밥 먹었어?
지금 뭐 해?
내가 갈까?

삶

말 시는 향기이다
삶 사람은 향기이다
너 쓸쓸해 보았니
난 쓸쓸해 보았다

쓸쓸한 외로움은
세상을 아름답게도 하고
또 무엇을 창조하기도 하며
여행 준비에 가슴 뛰게도 한다

바람 시린 날
논둑길 혼자 걷는 시린 맛 아는가?
따끈한 커피 날 안아 감싸니
이것이 삶 참 행복이지

구슬픈 방귀 소리

우리는 우연히 약속 없이 만나
도랑 찾아 반도로 피리 버들치 잡아
매운탕 끓여 아린 정 나누었다
물론 맑은 이슬도 했지
동네 아주머니도 한 그릇 퍼가고

후배는 가고
욱이 상이 나는
욱이네 사랑방 편한 자세로 비스듬히
또는 반듯이 누어
웃고 툭 치며 지난날을 이야기했지

순간
누구랄 것 없이 방귀를
셋이 같이 순차적으로 뀌었다
그 방귀 소리가 구슬펐다
풍 풍 풋 피…

한때는
방귀를 뀌면 방구석 빗자루가 부르르 떨고
아랫방 낮잠 자던 동생이 벌떡 일어나 달려오며

형 불렀어? 했는데
아, 세월아 방귀야

기다림

눈 뜨면
엘리베이터를 기다린다
신호가 떨어지기를 기다리며
택시 버스 지하철 지평선 넘어
붉은 해가 더 오르기를 기다리고
또 다른 많은 것을 기다린다

소녀를 기다리고
코스모스 단풍을 기다리고
하얀 눈이 소복소복 세상 하얗기를
파종할 날을 손꼽아 기다린다
나의 욕심을 다스리려 시험 볼 날을 기다리고
또 다른 파란 파도를 기다린다

나의 상상 꿈이 이루어지기를 기다리고
생의 기다림 끝은 어디에
그 꽃은 언제 피지

나의 너

단풍 보면
단풍 닮은 네가 생각난다
떨어지는 단풍 아쉬움 크고
계곡물 타고 미련 없이 떠나는
너 야속하구나

단풍
널 미워할 수 없구나
상고대 하얀 세상 지나면
야생화 더 고운 새 옷 갈아입은
널 만나리라 의심하지 않는다

바람

말은 시가 되고
시는 노래로 감미롭게 흐를 때
누가 나와 같이 노래할 때
우리 노래에 손 발장단 맞추고

나의 촌스러운 걸음걸음과
삶에 지쳐 흐느적거리는 걸음걸음
춤이 되고 내 몸짓 흥이 되어
세상 같이 걸을 이 누구 없을까

소풍

삶은 사랑으로
사랑의 씨앗은 고뇌요
철학은 사람을 낳고

행복한 삶은
나무와 같은 솔직함이
바위와 같은 정직함이
어머니 같은 산이

흐르는 물과 같은 지혜와
에스프레소 쓴맛이 혹 인생
이 행복 누가 막으리

아픈 여행

누구를 원망하기도
누구를 원망할 시간도 없다
또 다른 여행 시작이다

삶이 여행이다
어머니와 같은 물을 많이 먹고
아버지와 같은 태양을 따라 많이 걸어
그 여행길 노래하며 걸으리
그 길 걷지 않을 배짱도 없지 않은가

푸른 하늘 여행 친구 두루미
검은 밤 쏘아지는 별 반딧불과 인사하며
소백산 연화봉 오르며 흘린 땀
엄마 엄마를 낳은 바다 바다가
당돌한 너의 마음 씻어 주리라

모두 다 바쁘다

익으려 한다
크려고 가려고 한다
멈추려 하지 않는다

아기는 걷고 뛰려 하고
사과는 빨갛게 빨갛게 익으려 하고
친구들은 도토리 키재기 하고
노인은 마음을 다스리려 하고
우리는 욕망으로 흐른다

나무는 햇빛을 쫓으며 크려고 경쟁한다
열매 단풍 겨울 사색으로 또 봄
어둠은 새벽 아침 태양 일상 여행을 원하고
도랑 강물 바다로, 이제 하늘로
모두가 흐른다
나는

생명의 길

숲속 언덕 당당하구나
누가 이 협곡을 만날 것인가?
누가 감히 이 동굴을 탐험 할 것인가?
이 당돌한 빨간 앵두 요염하구나
슬쩍 보면 습하나 시작은 여기에서
신이여 감사합니다

나무는 엄마이다

평생 한자리에서 지혜를 주는 나무
이쁘게 꽃피워 벌 나비 불러 사랑 알려주고
녹음 싱그러운 햇빛 경쟁을 말하고

열매 아름다운 모습 향기 달콤함을 주고
엄마가 좋아한 빨간색 단풍 떠난
앙상한 가지 위 상고대 아름다움
나무가 아름다움 도와주고

엄마의 엄마 그 엄마는 나무이다
나무는 아름다움을 낳는 엄마이다

기다림

언제 와
빨리 오지

지금 어디야?

지금 난

아!
궁금타

시간이 흐른다
이 시간이 가면서

나는
어디로 흐르고
어디에 멈출 것인가?
참으로 궁금하다

몰라
너와 내가 말할 거야
그때 그럴 걸 그랬지 그지
그때 그랬더라면 하고 후회도 하겠지
그렇게

봄

꽃이 웃는다
아이가 웃는다
노인도 크게 웃고
날씨 쨍 더 크게 웃는다
모두가 웃으니
바보 바보야
난 봄 바보이다

진짜

네가 날 안고
너의 몸이 나의 보드라운 속살을 비벼도
난 너의 향기가 그립고
거기 출렁이는 너의 춤이 그립다
너와 난 우주이자 시작이고
지금, 이 순간이 사실이니까
난 널 마음 주머니에 넣어 다니고 싶다
너의 손을 잡고 있어도 네가 그립다

난, 나는

난 내 내면의 소리를 글자로 표현해 본다
맞춤법, 띄어쓰기를 잘하여 거슬리지 않으려 한다
쓰면서도 잘 쓰고 있는지 틀린 건 아닐까 궁금하다

나는 나의 글
나의 띄어쓰기 맞춤법이 부족한 걸 안다
그런데 또한
내 내면의 소리를 표현하고
막 쓰고
막 흐르고 싶다

내 마음의 소리가
나의 손에서 글자로 표현되어
누구 눈치 보지 않고 막 흐르고 싶다

목욕탕 알몸처럼 솔직하고
바람 탄 구름처럼 막 흐르고 싶다
어느 명산 만경대 칼바람처럼
명쾌하게 그렇게
지금 많이 부끄럽다

엄마,
엄마는 내 편이지 내가 잘못해도
글자 받침이 띄어쓰기가 틀려도
엄마, 엄마는 내 편이지
엄마, 더 노력할게요

옛이야기

1학년
가슴에 하얀 손수건
빨간 책가방 하얀 얼굴
빨간 구두 하얀 양말

입술 뾰족이며
눈 하얗게 흘기던
개미 다리 개미허리
단발머리 코흘리개

이게 웬일이니
그간 어떻게…

정신

난
오늘 알았다
신이 나에게 단 하나도
아무것도 주지 않았다고 생각하며 살았다

그런데
신이 내게
아주 큰 것을 주었다는 것을 알았다
남들이 내게 말하는 고집을 주었다
소신을 주었다는 것이다

봄 소리

회양목 꽃피고 영춘화 노란 나비 춤추면
봄 노래 시작된 것이다
꿀벌 윙윙 날아 바쁘고
삼악산 계곡 북방산개구리알
무더기무더기 모여 세상으로 날 꿈 꾸고

납작 작은 냉이 바쁘다 바빠
얼었던 휴면의 시간은 가고
언 땅 흙덩이 돌덩이 풀어져 떨어지고
치열한 한세상 사람만 경쟁일까
바쁘다 바빠 세상 다 바쁘구나

돈

돈 많다
참으로 감당하기 어렵구나

행복한 고민인가?
주머니에 돈이 가득하다
돈이 달아날까 불안하다
무릎 나온 바지 헐렁한 주머니
돈이 슬슬 빠질까 불안하다

묻어야 한다
묻어야 한다
땅에
돈 너는 진짜 근심 덩어리다
이 근심 덩어리 사고뭉치 나쁜 돈
백 원짜리 일곱 개 오백 원 두 개
주머니에서 달아날까 걱정이고
손에 들고 다니기도 쓰레기통에
버리지도 못하고
나쁜 돈

아프다

이십에서 숫자가 줄어든다
삑 삑 삑 ~ ~ ~
칙 익 ~ ~ ~
어머니가 사주셨는데
구 년을 같이 살았는데
아프다 아파 밥솥이 아프다
고이 모시고 병원 간다
중병이 아니었으면 한다

강물 같은 사람

그는 엄마 같고
셋째 누나 같으며
가슴으로 깊이 안아 주기도 하는

내가 좋아하는 큰 산 같고
바다와 호수 같은 사람이며
큰 나무 아래 정자 같은

늙은 목백합 같은 품위가 있어
이 편안하고 아름다운 행복이 바다이다
그저 보고만 있어도 생각만 해도 행복한걸

그녀는 지혜롭고
생각이 깊어 말을 할 줄 알며
말을 시처럼 노래처럼 다정하게 한다

엄마

건방진 나는
어머니에게 잔소리를 대통령급으로 한다
세상을 다 알고 있는 양

엄마는
내가 말 하면 그래 알았다
그렇게 할 게 하신다
어머니는 살아오신 습관이 바뀌지 않으신다

지나고 나면
어머님이 옳았음을 느낄 때가 많다
흔들리지 않고
언제나 그렇게 그 자리에 계신
어머니가 세상 지혜로우시다

산 바위 큰 나무 사이 흐르는 물처럼
빨간 단풍에 얼굴 붉히며 춤추는 순자
곱고 지혜로운 울 엄마 순자 씨

사람아

다 아는 것처럼
다 이해하는 것처럼
다 들어줄 것처럼
대신 아파 줄 것처럼
이야기하지 말라

그 누구도
내 즐거움의 크기를 알 수 없다
나의 아픔 깊이를 짐작도 마라
짐작하는 것은 건방진 일이다
그냥 그렇게 밀려드는 파도 보듯이 봐다오

내 집은

집 뒤로 산이 높아 구름 숨차하고
겨울이 깊어 매화가 반가운 곳이면 좋고
왼쪽 마당 끝 배 붉은 소나무 몇 그루 푸르고
넓은 계곡 저 멀리 호수 위 붉은
석양이 떨어지고
해 질 녘 호수 위 산 그림자 어깨를 나란히 하며

사람이 서 있으면 정거장이 되는 곳
서울은 걸어서 세 시간이면 갈 수 있는 곳
바다는 형이 운전하여, 한 시간이면 닿을 곳
마당 들마루에서 일출 석양이 아름다워 눈이 부셔
부끄러워 윙크하는 곳
그런 곳이면 좋겠다

가을

빨간 마음
노란 마음
나무가 마음을 보여준다
저 단풍이 가면 부끄러운 속살도 보여주겠지
상고대 시린 사색도 주겠지
군고구마에 김치도 있지요

하늘이 운다

하늘이 인상을 쓴다
바람이 분다
으앙 우르르 쾅 쾅
운다 울어 하늘이 운다
온 세상 산천이 흠뻑 젖는다
한강은 눈물로 넘실넘실 춤춘다

눈물 따라 흐르는 소주병
사이다병, 냉장고, 호박, 낙엽
비닐봉지도 어디로 흐를까
해 뜨고 달 떠 저 흙탕물이 가면
다른 모습으로 우리에게 오리라 무섭다 무서워

조류인플루엔자
돼지열병
코로나 등등…

달콤한 행복도 반드시 오리라

네게로

내 몸은 나비 몸짓으로
귀는 고운 너의 목소리 그리며
사슴 가벼운 춤으로 난 네게 간다
파란 하늘 녹음 아름다움 뿌리치고 네게 간다
마음은 장미 몸짓은 호랑이 네게로 간다
낙동강 한강 지혜로이 흐르는데
난 오로지 직진 네게 간다

2부

유월

오월 꽃잎 떠나고
녹색 올망졸망 작은 열매 이쁜 달
걸어 다니는 꽃이 열매 맺지 못하고
쓰러져 간 달
우리는 그 꽃잎이 그려 놓은 꽃길을 걷는다
조기를 닮아 그 꽃 그려보지만
삼월 유관순은 열여섯에 졌다네

밤 여행

밤 별
여기저기서 나 좀 봐 나 좀 봐
더 많은 별 나를 보고 있다
부엉이 타고 별 마중하고 싶다
광활한 밤바다 어린왕자 여행한다
별은 관객
난 별에 아양 떨어 본다
반짝반짝 작은 별

이야기

고마운 비가 날 기분 좋게 한다
맑은 공기 날 노래하게 한다
어두운 밤 별 빛나고 라디오에선
아리랑이 흐른다
아리랑 속 그 사람 떠오른다

지난날 그 소녀는 어떻게 살고 있을까?
눈웃음이 고운 궁금한 게 많았던 아이
그 소녀는 아주 용감한 개미허리 소녀였다
생각난다 그려진다 그때가

90년 초 늦은 밤 동암역 북 택시 승강장
분홍색 셔츠 하늘색 치마 고향은 춘천 공지천
나는 박가 그는 변 씨 태권도를 했단다
전화도 없다 삐삐도 없고
퇴근길 깊은 밤 아저씨가 말한다
누가 널 기다린다
그 멀리에서 회사 이름만 알고서

엄마의 잠자리

어머니가 낮잠을 주무신다
세상 예쁜 아기처럼 쌔근쌔근

어머니가 일어나셨다
난 얼른 어머니 잠자리에 누어 본다

좋다 좋아 참 좋다
엄마 냄새가 난다
엄마 냄새가 난다

포근하고 따뜻한 이불 속 엄마 냄새가
참으로 편안하고 행복하다

이불 끌어 올려 얼굴 덮어 숨 쉰다
엄마 가슴에 얼굴 묻고 잠이 든다

시간

도랑물 요리조리 시 쓰고
강물은 노인의 지혜로 말이 없고
예비군은 포동포동 귀여운데
나는 풍성한 고목에 기대어
흘러간 옛이야기를 재촉하며
쇼윈도 내 모습 훑어본다

바보

밀려오는 파도 소리가
좋은 공연의 박수 소리가
유월 떨어지는 소나기 소리가
아름다운 산 불타는 산불 소리가

청중의 박수 소리로 들린다
나는 바보인가 보다

쓸쓸한 사람

배시시 추억이 없고
어린 날 우리 이야기가 없는 사람
향기로운 우리 그것이 없는 사람
혼자서 걸을 줄 모르는 사람
혼자서 놀 줄 모르는 사람

갈등

하늘 높고 공기가 신선하다
얼마 만에 맛보는 달콤한 공기인가

낡은 트럭이 시커먼 매연 풍기며 달리고 있다
저 차를 신고해야 하나 말아야 하나?

신고하면 저 차는 며칠 일을 못 할 것이다
여기는 동소정 사거리 시청 방향이다

미세먼지

파란 하늘 아래
코스모스 잠자리가 잘 어울리는 그런 날이다
얼마나 아름다운 날인가
이제 이런 날이 추억으로 가고 있다

투표하지 않고 나 몰라라 하는 사이
하지 말아야 할 사람이 대통령을 하더니
아름다운 강을 토막토막 내어 물은 썩고,
나오는 사람마다 약속이나 한 것처럼
개를 끌어안고 나오더니
멍멍 한마디씩 하는데

공기는 썩고 물은 푸른 곰팡이가 피고 있다
불쌍한 서울 경기도 인천 사람들은
팔당 그 물로 아침밥 지어 공양을 한다

도도히 흐르는 국민의 마음 한강의 마음을
하루살이들의 마음으로는 모를 거야

나는

하루에 열두 번 또 그 이상
흔들리는 갈대처럼 맘이 흐르고
흔들리며 변하지만

좋은 방향으로 달라져야 하는데
내 마음 잡는 것이 참으로 힘들다

오른쪽으로 갈까 왼쪽으로 갈까
잉어를 탈까 잠자리를 탈까

나무

비 눈 바람 불어도
뜨거운 태양 그의 온몸 태워도 한마디 않는다
매미 우는 요란한 여름밤 나무는 고이 즐긴다

긴 밤 작은 새 몸 숨기러 와도 가만히 안아 준다
둥근 달 조용한 나무 평화로워 나도 나무 된다
나무는 어머니 아버지이며 나의 문화이다

공 맹자

보이지 않는 벽이
지켜질 때 우리 삶은 편안해질 것이다
보이지 않는 벽이
서로에 대한 존중 예의가 되기 때문이다

자동차가 가까워지면 사고가 일어나고
사람과 자동차가 가까워져도 사고가 일어난다
그래서 자동차와 사람 자동차와 자동차 간의
보이지 않는 벽을 인정해야 한다

사람 사람이 가까워지면 부담스러워질 것이다
사랑하는 사람도 마찬가지이다
잠시 교감이 있을 땐 뽀뽀할 수 있다
그러나 늘 뽀뽀는 부담스러울 것이다

우리는 내가 편하고
상대가 편안하여지려면
보이지 않는 벽을 생각하고 지키면
설악산 높고 한강 흐르듯 질서가 정연할 때
우리는 그 벽에 안기어 달콤할 것이다
인의예지人義禮智를 다시 한번 생각해 본다

밤 별

시려 깨끗함이 기분 좋다
가슴 들썩 숨 쉬어 시린 공기를 마신다
시린 밤 별 반짝 내 마음 훔친다

크는 달이 별 지운다
가만히 멈춰 마음으로 별 훔쳐본다
순간 많은 잡념 가고 별 내 가슴에 안긴다
별 천지 우주는 내 고향이다
달 시샘이 까칠하다

솔직한 술

말하지 않아도 도가 있다
좋은 친구와 이슬 마주하면
두 손으로 서로 예의를 갖춘다
처음에는 말 없고 어눌하며

한숨 배 이슬 다정히 돌면 말 길어지고
이슬 한숨 한숨 돌면 서로에 안부를 묻고
한 잔 더 하면 목소리가 커지며

거드름 피우고
그다음은 열정적으로 객기를 부린다
이슬은 인류 최고의 명품이며
명품 이슬은 너무 솔직하다

인생 지름길

삶을 쉽게 산다는 것은
가정 교육을 바탕으로 인격을 갖춘 것이다
솔직함은 쉽게 사는 것이다

예의 존중으로 거짓말하지 않을 때
인생은 비로소 피어나는 꽃 향기로운 사람이다
예의를 갖추면 친구는 나를 찾을 것이다

맛있는 걸 먹을 때 돈벌이가 잘될 때
친구는 반드시 예의 바른 나를 찾을 것이다
내가 만약 예의가 없이 거짓말을 한다면

친구는 날 찾지 않을 것이다
거짓말을 하게 되면 거짓을 숨기려 할 것이고
결국은 그 거짓말을 숨기지 못할 것이다

거짓말은 끝까지 성공할 수 없기 때문이다
거기에 대한 합당한 대가를 치러야 할 것이다
사람이란 소리를 들을 수 있는 길은 솔직함이다

동물과 사람은 같은 동물이다

동물과 사람은 같이 먹고 자고 싸고 일한다
사람은 예의와 솔직한 문화가 있어
동물과 다르다

여행

시간은 흐르고
모든 이 여행에 바쁜데

난 마음만 생각만 달리고
게으른 나는 행동은 언제 하나?

짧은 생 가슴 뛰어
신발이 먼저 달아나야 하지 않나?
알면서 말 생각만 연필만 끄적인다
이러다 저녁이 오면 어쩌지?

낙조

손 흔들며
추억으로 가는 시간 냉정하게 흐르네요
물 흐르고 바람 불어 마음도 따라 흐르네요
지금 누가 흉내 낼 수 없는 명품으로 남아
오늘 아름답고 내일 더 고우리라 믿어 봅니다
누가 흉내 낼 수 있을까
낙조 이것이 명품이지

상수리나무

아낌없이 주고
벌레에 먹히고 딱따구리에 쪼여
이렇게 너덜너덜해도
나그네 시선 끌어 말해요
멋스러워 고마운 임
한 줌 흙으로 가는 임
아름다운 상수리나무
네가 있어 세상이 아름답구나

울보

내가
내가 널 그리워할 때
너에게서 따르릉 편지가 왔다
분홍색 봉투 하늘색 편지지 너의 글
난 울고 말았다

나의 환경이 날 울게 했고
너와 나의 관계가 날 울렸고
신과 운명을 원망하며 울었다
이런 나 자신을 보고 또 울었다
네가 보고 싶어 울었다

넌 남한강 오르는 붕어였고
난 북한강 오르는 잉어였기에
높은 그 산 지울 수 없어 울었다

너와 내가 여행길에
붉은 단풍은 양수리에서 만나겠구나
그 단풍에 한글 소식 못 전한 것이 아쉽구나
붕어야 보고 싶다

고마운 분

걷다가 보면 고마운 분들이 많다
모래처럼 세상에 많은 사람이 살고 있다
난 내 이름 다정히 불러준 사람들이 있다
수, 욱, 광, 후, 상, 석, 휘, 향, 희, 순, 국, 자 등등
다 못 불러서 미안해

참 고마운 사람 생각하면 기분 좋은 사람들이다
나도 그 이름 다정히 불러 본다.
산, 나무, 강, 바다, 봄, 단풍, 눈, 겨울, 구름, 해,
바람… 아침

아픔

쓰다가 지우는 글
다 써 놓고 지우는 글
남들이 볼 때는 우스운 글일지라도
나는 고민해서 쓴 글인데
입술 깨물며 지운다
내가 보아도 어줍다
서글프다 나 자신이
아프다

꿈

푸른 하늘 날고 싶고
푸른 물 위를 뛰고 싶고
갈대 좋은 호수위 배 뛰어 떠나고 싶다
시원하게 그렇게 멋지고 싶다

현실이 다르니 생각뿐이다
잠 청하여 꿈속에서나마 내 꿈 실현해 보자
꿈 깨도 허전한 마음 지울 길 없다
지금 충실한 것이 꿈에 가까워진다는 것을

노안

열정 지식 있고
지혜가 있는데
눈까지 잘 보이면
얼마나 할 말이 많을까

멀리
푸른 소나무에 시선을 기대어 본다
난 아직 지식 지혜도 어리기만 한데
노안이란다

새빨간 거짓말

내 삶은 몽땅 거짓말이다
난 진실로 이렇게 살고 싶지 않다
엄마 동생들에게 근심 주지 않고 살고 싶다
세상 아름다운 어머니에게도 잘하고 싶다
동생들에게도 잘해주고 싶다

또 친구 모든 이에게 친절해지고 싶다
나는 내 생각 성격도 마음에 들지 않는다
지혜로운 내성천처럼 풍요로운 소백산처럼
그리하여 대자연 흐름처럼 살고 싶다

자유

내가 집을 모시고 사는 건지
집에 매여 사는 건지
차를 끌고 다니는 건지
차를 모시고 다니는 건지
휴대폰을 사용하는 건지
휴대폰이 나의 목줄인지
개가 사람을 부리는지

사람들은 좋은 말로
보호도 받고 사용도 한단다
그러나 나는 그게 아니다
그럼 어떻게

산

내 너에 미친다
아낌없이 주는 널 내 어찌 사랑하지 않으리
녹음 좋고 단풍 좋고 나무가 좋은데
깨끗한 찬 바람 실려 오는 겨울 숲이 좋은데

새벽 소백산 연화봉에서 보는
어깨 나란히 한 힘찬 준령 기분 좋은 파도
나는 말뚝 되어 그 자리에서 가슴 들썩 숨 고른다
너는 아느냐 너에게 기대련

아쉬움

변하지 않은 게 없구나
변해야 한다지만
참으로 아쉬움 크구나

내 사랑하는 사람 다 떠나고
어릴 적 동무들 타고 놀던 나무 한 그루 없구나
동구 밖 정자 그 느티나무가 그립구나

낯선 회색 건물 낯선 사람들이 바쁘구나
옛날 개울 돌담으로 정리되어 접근이 어렵구나
안타까운 내 고향이 내 마음을 떠나는구나

자화상

동글동글 어떤 아저씨가 말을 건넨다
그의 눈과 모습을 살피며 내가 대답을 한다
말이 오 가며 내가 그에게 나의 연식을 말한다
그는 나에게 3년 맞이 형이라고 말한다
내가 보기엔 그가 나보다 약 9년은 형으로 보였다
난 속으로 무척 놀라지 않을 수 없었다
그도 분명 나를 내가 그렇게 생각한 것처럼
생각할 것이다
나는 그에게서 나의 또 다른
나의 얼굴을 보았다

아침

하늘은 푸르러 녹음 짙고
이슬 먹은 아침 황금색 밝은 햇살이
넓은 창 두드려 날 깨우는데

등줄기 흐르는 땀 오늘을 말하고
대자연 소리 없이 흘러 흘러가는데
나도 화려한 몸짓으로 춤춰 볼까 한다

또 하나의 우주

우리 앞에 아주 소중하고 귀여운 우주가 있습니다
이 아이를 내 아이라고 생각하지 마십시오
이 아이는 독특한 하나의 생각을 가진 우주입니다
이 아이는 나 보다가 똑똑하며 머리가 좋으면서
아주 영리합니다.

이 아이는 머지않아 나보다 더 많이 먹을 것이며
더 많은 활동을 할 것입니다
눈높이를 같이 하여 말하면 똑똑하기 때문에
말을 잘 알아듣습니다

몸짓과 이상을 통제하려 하지 마십시오
이 아이의 엉뚱한 생각이 우리의 미래입니다
"안돼!", "하지 마!"라는 말을 아이에게 하지 마세요
아이의 안전을 살펴 주고 남에게 피해를 안 주면

언제나 날 수 있게 뛸 수 있게 힘을 북돋아 주십시오
귀여워해 주시고 칭찬해 주시고 걷고 뛰고 넘어지고
뒹굴게 해 주십시오
이 사람은 아주 귀한 세상에 하나밖에 없는
우주입니다

고마운 일이

화가이자 시인이신
선생님이 바람 타고 멀리 남쪽에서
나의 이름 불러주며 인천에 오셨다

한여름 그늘 숲 향 풍부할 때
속삭이는 미풍처럼 다정히
날 기억하고 나의 이름 불러 동백꽃 향
그윽한 님 몇이나 될까

인생 초를 다투며 흐르는데
흐느껴 우는 기타에 사색을 실어 기대어 본다
나도 누구의 들꽃 되고 싶다

이끼

그는 피해를 주지 않으며
최소한의 수분으로 아주 극한 환경에서도
지혜롭게 잘 이겨낸다

추위 더위 비 풍 빛 환경에서
지피와 바위 나무를 보호해 주고
많은 자연환경 식물 동물에게 도움을 준다

이끼는
어머니 어머니의 그 어머니이며
세상 시작은 그로부터 잉태되었다
그는 사랑받아 마땅하다

교훈

세상 쓸모없는 것은 없다
거센 폭풍 앞을 분간할 수 없는 눈보라
코 눈을 가리는 미세먼지
말썽꾸러기 무서운 개

진드기 쥐 뱀 바퀴벌레
골치 앞은 빈대 같은 미물도
세상엔 하나도 쓸모없는 것은 없다
내가 살아 있음을 느낀다

간사한 나

허기진 배 잡고 산길 간다
어떤 고마운 분이 삶은 달걀 하나를 주신다
달걀 껍데기에서 달걀 살이 떨어지지 않는다
사각 미끈미끈 한 번에 벗겨져야 하는데
가슴이 뛰고 신경질이 난다
아깝다 아까워 참말 아깝다
달걀 준 사람이 미워진다
잘 좀 삶지

결정

짧은 시간
삼거리 어떤 길로 가야 하나
신호와 뒤차가
결정을 내려주기도 한다

잘 되면
뒤차와 신호 탓
못 되면 내 탓

착각

난 내가
상당히 침착하고
상당히 생각이 깊으며
상당히 섬세한 줄 알았다

그런데 오늘 난
버스 카드를 잃어버렸다
공항철도 서울역에서 찍고
계양역 나오는데 없다
보증금 500원

묘하다

이쁘다 이쁘다
참 이쁘다
이렇게 이쁜데
꽃 활짝 피면 반드시 비가 오네
꽃잎 이슬 맺어 또 이쁜데
꽃잎 못 버티고 떨어져 흩어지네
조금 더 있다가 떨어지지
열매가 행복 주려나?

인생

남들만큼 잘 하려 하지 마라
따라가면 그는 더 멀리 가 있다
그러면 나는 맨날 이등일 것이다

내가 잘하는 것을 더 잘하려 하라
그것이 내가 일등 하는 길이다
나는 누구 뭘 잘하나?

일등 해서 뭐하나?
나를 찾아야지

꽃

내가 널 기다리고
너의 모습 찰랑할 때
내 가슴 짜르르 뛰고
너의 얼굴 꽃필 때
지금 순간이 행복하다
넌 누가 봐도 꽃이다

바람

어디서 오는 바람일까?
짧은 나의 눈썹 날리고
어제 나온 벚꽃잎 흩어진다
내일은 꽃잎 타고 소풍하리라
파란 하늘 맨날 봐도 좋은걸
바람아 불어라

에스프레소

까만 강에 빠져 볼까요
쓴맛 속 신세계 있네요
인생의 향 있지요
참 오묘한 세상 있지요
언덕길 자갈 길도 있구요
까만 나라에 빠져 볼까요
묘하게 성깔 있네
달게 끌리네

내 어린 날

따뜻한 봄날 산 오르곤 했지
땀 뻘뻘 흘리며 산 오를 땐
푸른 솔 그 향 편안함 좋아했지
큰 소나무 갈잎 검은 바위 걸터앉아
발아래 풍경 바라볼 때
시원한 소나무 가지 사이로 불어오는 바람
어린 내 가슴 시원했네
그립다 그 시절

3부

마녀

꽃피는 봄날
코끝 상큼하고
아지랑이 아찔하게
그녀 나를 안아 감싸고
난 가만 그 눈에 들어간다
그 눈 속 빠진 나 그를 사냥한다
여자는 봄 봄 마녀이다

회상

그대 향 좋았네
참으로 편안했네
이제 그 향 맡지 못하리
향 날 춤추게 했네

정신이 아찔했네
내 마음 앗아갔네
그 바다 그 파도가 가져갔네
꿈이여 다시 한번 아찔한 낭떠러지 소풍이었네
남자 낭떠러지가 그립다

중앙고속도로

달리는 창밖 가을 여유롭고
초겨울 상고대 날 웃어 반기고
흰 소백산 어깨를 다정히 월악산 아름답고
얼음 속 계곡 소곤대며 시가 흐르고
내 눈 사로잡는 풍경 나만 보기 아까워
지난날 그 모습 보이고

높이 날아 그에게 갈까
하늘에 사다리 걸쳐 구름 한가로이 타고 갈까
낮게 날아 비료 포대 썰매 태워 볼까
그와 함께 높이 날아 우리 별에서 놀고 싶다
비로봉 칼바람이 날 부른다

초겨울

이 밤, 눈 날리고
날은 상큼해 추운데
사람들 종종히 바쁘고
야심한 거리 자동차 라이트 춤추는데
라디오 바이올린 흐느껴 울고
소중한 행복 동그란 사람 그 사람 생각에
지금 내 마음 옛 생각 이것이 행복인가?
목화솜 퐁퐁 소담소담 날려
온 세상 포근한 솜이불로 덮여
이것이 하얀 행복인가?
임도 내 마음처럼 따뜻하기를…

일출

산 나무 넌 나의 애인
엄마 애인은 빨간 단풍

세상 모두는
애인 찾는 해바라기
붉은 해는 모두의 애인

애절한 임

임 그리움에 가슴 멍들고
뒹구는 낙엽 임 얼굴 떠오르네
못다 한 내 마음 못다 준 한 송이 꽃
아직도 내 가슴 푸르른데
낙엽 따라 흐르는 지금 이 시간
임 생각의 한 자 적어 봅니다
봄 같은 임 내 마음 따뜻하게 해 줍니다
임은 나를 숨 쉬게 합니다
가을은 낙엽 따라 임과 함께

한적한 농로 길
임과 함께 자전거 타고 싶다

회상

선생님
오늘 비타500을 먹었습니다
지난여름 선생님이 주신 비타500
냉장고를 열면 가장 먼저 보여
선생님 떠오르게 했습니다

그래도
청포도 사탕
두 개 아직 있습니다
청포도 사탕 엽록소 짙던 나뭇잎
어느새 화장 짙게 하고
물길 따라 떠나네요

떠나는 낙엽

바람이 분다
거리 뒹구는 낙엽 어디로 가는가
들뜨고 자유롭고 행복해 보인다
나도 저 낙엽과 뒹굴며 세상 여행하고 싶다
춤추는 노랑 빨강 자유로움이 부럽다
떠나는 단풍에 마음을 실어 본다

한 잎 주워 들여다본다
실핏줄이 색깔이 신의 작품이다
이 색깔에 엄마가 바보 되었네

고추

사랑은 고추이다
싱그럽고 윤이 나는 푸른 고추
녹색 반짝 잘생긴 고추
푸른 잎 사이 빨갛게 잘 익은 고추
한입 베어 물면 톡 쏘는 사랑의 쏘는 맛
다시는 속고 싶지 않다
그러다 돌아서면 또 생각난다
그 톡 쏘는 것이 생각나 또다시 톡 쏘인다
그 매운맛 다시는 쏘이지 않으리라
먹지 않으리라
그러나 또 생각난다
사랑이다
이것이 사랑이다

법구경

"너무 많이 웃으면
그다음은 울어야 할 것이다."

선물

내 생에 그녀가 왔다
긴 기다림 꽃 피고 진 세월 얼마인가
무료하던 내생에 폭풍이 인다

공기가 다르다 이 기분 싫지 않다
나의 잠자던 고래 촉수가 살아난다
그녀는 현명하고 지혜로우며 편안하다

내가 찾던 작은 도서관을 만난 것이다
그녀와 대화는 시가 흐르는
클래식이며 인문학이다
그녀는 내가 좋아하는 것을 알고 있다

나 그도 맨발 걷기를 좋아한다
우리는 서로 도와주고 이끌어 주며
머리 하얀 친구가 되기로 약속했다

내생에 선물 그녀는
앎에 목마름으로 큰 눈이 살아 있다
동그란 코스모스 닮아 예쁘기도 하다
영춘화 같기도 하고

코스모스

그대 코스모스여
올해도 어김없이 곱게 피었구나
목이 길어 살랑 허리가 가늘어 하느작

너의 밝은 웃음 만인의 사랑 부른다
잘 익어 푸른 바다 청새치 싱싱하구나
너도 시간이 가면 가을 겨울 올 터인데

그 싱싱함과 푸른 열정 내게도 좀 다오
동그란 한 잎 시퍼런 사랑이 그립다
나의 코로 입으로 눈으로
시린 촉수로 귀로

너의 고운 산 무성한 숲 깊은 계곡에 빠지고 싶다
코스모스 너에게 기도하며 말한다
너의 신세계로 여행을 허락해다오
사랑스런 코스모스여

향기

나무 향
마을 어귀 들녘 고향의 향
산 계곡 바위 숲속 피톤치드
섬 항구 해변 고등어 향

사람
사람의 향기는 말 말이다
아기 울음 옹아리는 그의 향기이다

그 사람 말은 그의 향기이다
그의 말은 그를 춤추게 한다
말은 그 사람의 행동을 짓는다
행동은 그의 향기이다

그 길

별 따라 걸으니
별 반겨 검은 바다 수놓고
내 품 두 개의 별 수줍어 웃고

그 향 내 온몸 감싸니
내 생의 참 좋은 날이 지금이구나
이 행복 멧돼지 시샘할지 겁도 나고

그대 등 덮어 안아 오니
두 발 춤추어 흥에 가볍고
가을밤 찬 공기 우릴 묶어 주네

그 섬

가슴이 터질 것 같았네
욕망에 떠는 나를 보았네
별은 빛나고 나는 아팠네
동그란 그대 날 보고
바보 바보 바보라네

가로등
사시나무는 부끄러웠으리라
지금도 잘 있으려나

아,

눈 동그란
다섯 살 청년이
할아버지 한다

난 대답을 못했다
청년이 미웠다

아,
내가 할아버지
어떻게 잘 익어 흐르는 중인가
할아버지

천상의 향

바람 불고
별 지고 뜨고 얼마인가?
먼바다 비안개 그 시샘 얼마이던가

우리는 만났다
몰랐다 처음에는 몰랐다
그가 세상 꽃이며 세상의 향기인걸

그래
그는 이미 세상의 꽃이었고
이른 봄 남쪽 제비와 함께 온 향기였다

바다, 하늘 맞닿은
은빛 비단 천년만년 변하지 않을 모래에도
강남과 북한산에서도 잘 어울리는 꽃이었다

그 파란 멍 아래
그가 만인의 사랑 코스모스이면
난 빨간 잠자리 되어 그 곁에 춤추리라

동그란 그는
노을처럼 부드러운 미소가 날 춤추게 하며
오월 아카시아 향 예리한 가시 날 철들게 한다

별 보자고 하랴

별 날 따르고
걸음걸음 공기는 단대
내 가슴 검게 멍이 든다

왜 말을 못 하는지
내가 한평생 그리던 님인데
머라 말하랴 그녀에게
너는 세상 유일한 꽃이라고 하랴
내가슴에 별이라고 하랴

마른 꽃

낯선 꽃 나그네
발목 잡아 재잘대고
엽록소 날아간 겨울꽃
북서풍 바람맞아
파르르 온몸으로 춤추네
소백산 왜솜다리

순자 칼국수

큰 양재기에 밀가루를 두어 대접 붓고 노란
날 콩가루를 삼 분의 일 대접 붓고 왕소금 살짝
뿌려 찬물 한 대접 부어서 물 조절해가며 잘 섞으며
반죽을 하신다

신문지나 큰 보자기 펴 안반과 홍두깨를 가지고
반죽한 밀가루를 넓힌다 반죽을 펼 때는 안반에 마른
밀가루를 조금 뿌린 다음 반죽이 된 밀가루 덩어리를
조금 더 우겨 뒤집으며 동그랗게 만든 다음 조금씩
넓혀가는데 홍두깨를 잘 굴려 밀어 늘리신다

그렇게 지름 일 미터 가까이 넘게 넓히신 다음
넓혀진 반죽에 마른 밀가루를 살살 뿌려가며 접으신다
이제 국수가 나올 것이다

그러면 국수 꼬리가 나오고 그것을 우리에게 주실 것이다
우리는 하나씩 가지고 아궁이로 가서 구워 먹는다
숯불을 가까이하여 때론 머리카락과 눈썹도
그을리기도 하며 입술에 까만 숯도 묻어 있었다

국수는 그냥 소금간만으로 삶으신다
때론 감자 호박 콩나물이 들어가기도 하였다
그 많은 사람이 국물 한 방울 안 남기고 드셨다
이 이야기는 나 어릴 적 이야기이다

그런데 어머니가 국수를 해주셨다

22년 가을로 기억한다 이날 국수에는 무채를
넣어서 칼국수를 만들어 주셨다 처음으로 먹어
보는 무 칼국수는 참으로 깊고 편안한 맛이었다

이제는 영원히 엄마 칼국수를 못 먹게 되었다
순자 표 칼국수는 최고의 사랑, 사랑이었다

그립다 몰랐다 세상이 허전하다 보고 싶다
내 영원한 사랑 순자 순자 순자가 없다
이제 동생들과 가야 한다.
23.9.14.01.34 양

버들피리

피리 소리 아는가
어린 날에 아름다운 명품
너는 불어 보았느냐
매미와 다투며

꺾어 뽑아 불던
버들피리 풀피리
사과나무 등나무 피리
갈대 주목 이팝나무 피리

계양산

이 비가 지나면
그 길 따라 안토시아닌 빨간 단풍
카로티노이드 노란 단풍

떨 겨층 유혹 뿌리치고 오리라
타닌 그 향 누룽지 향 같은
그 향 맛보리라

이야기가 있어 다정한 길
그 길 너와 나의 소풍 있기를
하얀 세상 뽀드득 사색 있기를
너와 나의 명품 계양산에서

누나

누나가
누나가 주신 산 밤
푹 쪄서 말렸더니
맛의 깊이가 인생을 녹여
혼자 깊고 풍부한
이 고소함 즐기기 너무 아쉬워

누나 누나
우리 누나
우리 누나 드리려고
다섯 개를 따로
준비했다

누나도
이 깊고 부드러운
고소함을 느끼고 즐겼으면
참 좋겠다
가다가 다 까먹었네

무

푸른 무밭에
서리가 첫서리가 왔네

생각난다
시원하고 아삭한
너의 속살 속삭임
너의 맛을 아는 이와
이야기하고 싶다
초겨울 무

어른

어른 되어 보았니
난 되어 보았다

허리
허리가 아프다
자고 일어나니 아프다

기침해도 허리가 아프고
양말 신기도 바지 입기도 힘들고
앉기도 서기도 엉거주춤
방바닥에 떨어진 먼지 하나 줍지 못하고
보고 모른 척해야 했다
동작은 이렇게 이쁘게 느린지 화장실에서는
손도 엉덩이 쪽으로 가지 않고
신발 신기는 더 힘들고
버스. 택시. 지하철은 정말 조심스럽고 걷다가도
개나 사람이 지나가면 비켜서 있어야 했다
완전한 어른이 되었다
어른
엄마
엄마 생각에 마음이 저리다

난
엄마를 얼마나 답답해 했던가?
좀 닦으세요, 냄새나요
옷도 좀 자주 갈아입으세요
손자들이 젊은 사람들이 싫어해요

엄마
엄마 미안해요.
그때는 몰랐어요
진짜 몰랐어요
나의 영원한 애인 순자 씨
보고 싶어요
사랑해요
엄마

인생

친구 사랑
감이 익어가는 것인가?
곪아 썩어가는 것인가?
인생은 익어 가는 건가
오그라들어 곪는 것인가?
정신은 시퍼런데 참는 것인가?
타협하는 것인가
모르는 척하는 것인가?

어른은 힘들어
알고도 참고 모르고도 참고
몽둥이처럼 날뛰는 것 보고도 참고
귀여워서도 참고 같잖아서도 참고
다 아니까

무

겨울이 좋다
무를 먹을 수 있어서 좋다
난 세상에서 무를 가장 좋아한다

난
무를 막 먹는다
우악스럽게 미련하게 많이 먹는다
무야 미안해

서리 맞은 무는 날 유혹한다
시린 하늘 한 조각 먹는다
가슴 뻥 신선하다
내 몸이 깨끗해진다

지금

자정이 지나고 있다
고요한 지금 잠들고 싶지 않다
이 시간 지나면 후회할 것이다
우선 아침이 오면 후회하며
일찍 잘 걸 하며 후회할 것이다
후회도 내 것인 걸 어쩌랴
고요한 지금이 좋은데

이 세상 대장처럼
마음이 말하는 대로 흐르자

사고뭉치

내 집은 냄새가 난다
약 두 달 가까이 냄새가 가시지 않는다
내가 내가 사고를 쳤다

달걀
한 냄비를 아침에 불을 켜고
저녁에 집에 오니 가스레인지 불은
여전히 타고 있고
까만 냄비 속 달걀은 폭탄 터지듯이
온 주방에 파편으로 남아 있고

그 그
비릿한 이상한 냄새가…
지금도 남아 가시지 않아요
이 정든 집을 팔아야 하나요
누구에게 하느님께 하소연해 볼까요

친구

우리 만남 우연이 아니었는데
다정한 속정 나누지 못했지
삶이 세월이 참 야속하다

우리가 허락하지 않은 세월은
바람 탄 깃털처럼 가벼이 훨훨
그렇게 흐르고 흘러 아니 벌써 여기까지 왔네

고운 얼굴 어디 가고 잔주름 흰머리는
밭고랑 잡초처럼 가로세로 제멋대로이고
지금도 날고 싶고 뛰고 싶은데

어쩌다 우리 만나 반가움에
우리 정 말로는 다 못 하고 가슴앓이에
이슬만 축이다가 그 기분에 가슴 젖었지
너와 나의 애틋한 정 풀지도 못했는데
달 별이 우리를 갈라 너는 거기에
나는 여기에서 널 그린다
우리 언제나 다시 만나
그 못된 정 풀려나 아쉬움, 그리움만 동동 뜬다
친구야,

삼아,
낮은 추녀 다정한 돌담
마당 가득 라일락 백합 향 너와 나의 몸 휘감고
다정한 돌담 타고 오르던 만삼 꽃봉오리
그날에 증인은 둥근달이었지

비설거지

친구가 말했다
비설거지
이 얼마 만에 들어보는 단어인가?
비설거지 이 다정한 말 비설거지
옛날 어릴 적 기억 안갯속에서
햇살이 스며들듯이 추억으로 젖어본다

여름날 하늘이 검어지며
한 방울 후둑 후두둑 떨어질라치면
어머니는 어김없이 비설거지에 바쁘셨다
덩달아 나도 빨래를 걷고 땔나무를 덥고
지게를 처마 밑으로 옮기며
첨벙이며 뛰어야 했다

비설거지 비설거지
향기로운 말이다 비설거지
아파트는 꿈도 못 꾸지

감사

세상
수많은 사람 중
누가 날 기억해 주고
내 이름 불러주는 이
몇이나 될지

짧은 생
바쁜 삶 시간 내어
네 꿈 잠시 주머니에 넣어두고
망치 같은 주먹
몽둥이 같은 손가락으로
어떻게 이런 작품이

막걸리 한 병은 사야지 않을까 한다
혹 소주를 원할지도 모르고요
유 작가님 고마워요

엉터리

퇴근 후
한 잔의 물을 마시고
양말을 벗는다
허리띠를 풀고

아 오늘도
짝짝이 양말 신었구나
난 내가 섬세하고 꼼꼼한 줄 알았는데 아니었다
난 엉터리이다

동생

나에게 몽땅 주신 엄마
우리 엄마가 제일 잘하신 일은
나에게 동생 동생을 주신 것이다
동생 내 동생

국화

너 여기 얼마나 있었니
그 긴 시간 날 기다린 거니
고운 임 사랑받겠구나
노란 너의 모습과 향이
이 가을 노란 행복이로구나

국화

기러기 높이 날아
푸른 하늘 낙서할 때
국화야 너는 동산에 노란 대장이구나
잠자리도 네가 좋은 게로구나

너는 만인의 사랑이로구나
너의 향 모습은 만인의 고향이다
부르기만 해도 눈물 고이는
엄마 향이로구나

라디오

사람마다 생각이 다를 것이다
그리고 반드시 생각이 달라야 한다
나는 반드시 라디오를 들어야 한다고
친구 동생 조카 사람들에게 말한다

공자, 퇴계, 율곡, 다산도 공부하라고 했고
백범은 "오직 한없이 가지고 싶은 것은 높은 문화의 힘."이라 했다
엄마도 선생님도 책을 읽으라 하신다
그리고 많은 사람이 시간과 에너지를 써가며
긴 세월 공부에 매달리어
짧은 인생 소중한 시간을 공부에 매진한다
형편이 나은 사람들의 이야기다

공부한다는 것은 곧 강의를 듣는 것이 아닌가?
KBS라디오 방송국에서 모셔 온 라디오 패널들의
이야기는 어떨까요?
왜냐하면 인터넷으로는 정보를 찾기도 어렵고
또 정보가 너무 많으며 정보가
정확한지 알 수가 없다

생각해 보면 우리나라 힘의 축은
법, 정치, 언론일 것이다
라디오는 비교적 인터넷보다 정확하다

다른 일을 하면서도 들을 수가 있다
운전하면서 차분하게 들을 수 있다
방송국의 똑똑한 사람들이 패널을 엄선하여
강의와 정보를 전달한다고 생각한다
공부하고 고민한 그 분야에 최고인
사람을 모셔 와서 방송하기에
라디오를 들어야 한다고 생각한다
어떤 날은 마음에 안 들기도 하지만 말이다
혹 "저희나라"라고 말하는 패널들도
다른 말을 하는 패널도 있다
재방송할 때도 있다
그분들도 쉬어야 하는 걸 알지만
기대가 큰가 보다
우리나라 대표 방송국 KBS인데 라는 생각에
그럼 라디오를 무엇을 어떻게 들어야 하는가
우선 라디오를 즐겨라

내가 좋아하는 프로를 즐겨 듣다가 보면
진행자의 목소리 출연자의 성향, 오류
프로그램의 방향 등이 들리면
나와 성향이 맞는지 내가 찾는
정보 내용을 판단하여
더 좋은 채널을 찾아보아야 한다

나는 라디오의 힘을 빌려 많은 덕을 보았다
말, 관계, 건강, 교양. 문화, 취미, 한글, 통장,
여행, 카드관리 등…
아직도 하나에서 열까지 모자라고 부족하다
작은 자격증을 가지고 일을 하기까지
누가 그 정보를 주었겠는가

라디오 프로그램 중
정치 이야기는 싸우고
또 다른 채널은 돈 이야기만 한다
잡다한 이야기로 시간을 녹이는 프로도 있다
온종일 음악으로 마음을 감싸는 채널도 있고
광고를 역대급으로 하는 라디오도 있다

잘 골라 들으면
열정과 지혜 풍요 안정을 얻으리라
KBS와 라디오에 감사한다

여백

서울이 여유롭다
인천 인천이 품위가 있다
아름다운 소풍 지금은 휴가이다
거리 신호는 느리게 깜빡이고
거리의 여백은 날 느리게 한다
돌담길 맨발로 걸어본다

4부

무섬마을

내성천 이뻐라
소리 없이 흐르는 우리의 생명수
마음에 다정함이 이내

모래는 더 이뻐라
너무 많아 대접 못 받네
천 번 몇백 천억 만 번을 씻었을까

금은 옥 비취 다이아몬드 호박
쪼가리에 비교할까 턱도 없지
모래야 사랑아 내성천아
네가 내 마음 훔쳐 가는구나

무섬마을

내성천
소리 없이 맑은 물
금은 모래 반짝반짝 노래에
넓게 누운 모래밭 편안하고
물 아지랑이 날 홀렸나

길 잃은 나그네 또 다른 세상
내성천 사각사각 뚜벅 멍
다소곳이 멍하게 멈춰
외나무다리 이뻐라

눈 큰 아이

호기심 가득 눈이 살아 있구나
질문이 다르구나 궁금함이 많구나

말을 알아듣는구나 지혜롭구나
모습이 당당하구나 경쾌하구나

하늘하늘 매력이 봄 버들이구나
걸음걸음 몸짓이 봄 초록이요
춤이로구나

어제는 봄 오늘은 단풍 들었구나
걸어 다니는 단풍이 너로구나

마알간 아름다운 코스모스여 곱구나
너와 내가 걸으면 더 곱겠구나

욕심

마음은 말하고
몸은 마음의 말을 따라 들길로
코스모스에 나무에 산에 구름에 일상에
발걸음 잡혀 마음 열기도 하고
그에 대하여 시 아닌 낙서를 해본다
같잖은 욕심이 고개를 든다
시집

도서관 아름다운 목소리
전화 속 편안한 목소리로 도와주신단다
혼자 서는 살 수 없는 세상
참 아름다운 세상이다
사실 난 부족한 게 많다 컴퓨터도 잘할 줄 모른다
그저 고맙고 감사할 뿐이다

가을 고개 숙여 잘 익은 벼는
그분에게 고마움의 고개 숙임이다
맑은 계곡 아기 손 같은 노랑 빨간 단풍 흔듦은
그 아름다운 목소리 그분에게 손 흔듦이다
동해 멀리서 끝없이 밀려드는 파도는
그분에게 보내는 박수 소리이다

잔소리

아라동 어느 복집
날파리가 많아서
날파리가 많다고 했다

주인은
날 별나다고 할까?
고마워할지
난 말을 해야 했나?
하지 말아야 했나?

기숙사

기숙사이다
기숙사

고등어 한 마리 구워 먹을 수 없고
못 하나 마음 놓고 박을 수 없다
진정한 휴식을 취할 수도 없어요
관리비 내라고 등 떠밀잖아
아침저녁 관리소 방송은요
개 닭 소 한 마리 키울 수가 없잖아요

불편함이 이뿐인가요
셀 수 없이 많음을 다들 잘 알잖아요
층간 소음 아래층에서 올라오는 여러 향기는요
엘리베이터에서 만나는 옆집
개는요

힘이 없으니
잠시 머물러 흐르는 기숙사일 뿐이다.
아파트 아파트는

노을

태양은 가라앉고
하늘은 붉어 황홀한데
적막은 고요히 스며들고
내 사랑 순자 없는
세상 쓸쓸함이 깔깔하다
엄마

아침

붉은 불덩이
뜨거운 나의 가슴 무언의 숙제를 던진다
눈이 큰 황소처럼 그렇게 그렇게 말한다
묵묵히 가면 다 잘되리라 생각해 본다
그리하여 파란 꿈도 이루고요

동해 고성 가는 길 하늘과 바다가 뽀뽀하고요
하얀 망초 춤추니 발걸음도 멈추고요
울 엄마 좋아한 빨간 단풍 엄마를 추억하고요

행복

주머니 전화가 운다
아름다운 친구 내 친구
세상 많은 사람 중
날 찾는 이 있어 난 행복한 사람
출근 하지말고 세상 구경 가잖다
참 고마운 일이다

여행

구름 쫓아 자전거 타고
들길 따라 잠자리 쫓으니
보리매미 울어 멀리 달아나고

코스모 웃어 웃어 날 반겨
살랑살랑 춤추니
나는 행복한 동심의 악동인가
행복한 나그네인가?
매미야 미안해

여름

덥다 더위
흐물흐물 척 척 늘어진다
시린 냉수 그릇에 빠진 그늘이 그립다

희방폭포
튀는 물방울 무지개가 날 부른다
무지개와 가슴 시린 물장난 하련다
버들치와 술래잡기 하련다
가제는 한시름 놓았네

약

세상 솔직하고
세상 깨끗함을 어디에 비교할까?
그 향은 세상 향기의 시작이었다

한 잔은 한 잔의 솔직함
세 잔은 세 잔의 솔직함
한 병은 한 병의 솔직함으로
세 병은 세 병의 모습으로
나도 몰래 춤추게 한다

우리는 병원 약 대신으로도 쓰고
혼자 또 좋은 사람과도 즐기며
힘들면서도 안 그런척하며 먹기도 하고
단풍 음악과도 함께 한다

어떤 이는 너무 사랑하여
이 아름다운 이슬을 욕보인다
이슬은 참 냉정하고 너그러운데 말이다
이슬은 마음을 달래 주는 약이다
이슬을 모르는 것은 큰 슬픔이다

우리

풍경은 보이지 않고
풍경소리 은은히 다정하고
별은 여기저기서 반짝여
산사 밤을 그리는데

내가 그를 그리며
그에게 전화를 한다
그의 목소리가 흐르며
나도 전화하려던 참이란다

시간

가슴 뛰게 하는
친구 아름다운 내 친구
나비 코스모스 버들치 잠자리
친구들과 너무 놀았나?

지금 팔월도 중순 뜨겁다
뜨겁다 소리 몇 번 하면
엄마가 좋아했던 단풍
단풍 맞을 준비 해야겠네
한세상 단풍 따라 흘러도
나쁘지 않으리라

꽃잎 배

봄바람 타고
벚꽃 꽃잎 닻 풀어
도랑 따라 떠난다
무지개 찾아 노 젓는다

친구 막걸리도
장구 대금 기타도 있다
꽃잎 꽃 배 세상 여행 떠나네
꽃 배 따라 걸어본다

시

말이 고운걸
글이 아름다운걸
아름다우면 시지
마음이 가면 시지

난 시 모른다
알려고 노력해 본다
그냥 읽어 편안하고 공감이 가면
또다시 읽어 본다
엄마 잠 소리가 들린다
바람이 나뭇잎에 말을 시킨다
시를 써보란다

비

장마 굵은 비가 내린다
쏴아! 쉼 없이 시원하게 내린다
비를 마중하러 비 맞을 준비한다

모자를 쓰고
장기동 들길은 이미 물이 가득하고
농수로와 농로는 물에 잠겨 출렁이고 어떤 논은
흙탕물 누런 바다가 되어있다
사람은 한 사람도 보이지 않고
농업용 전선도 보인다
겁도 난다
수자원공사에서는 아라뱃길 접근 금지 방송이
시간을 다투어 흐른다

아라뱃길 물은
굴포천과 김포 한강에서 내려오는 물이 넘실넘실
흙탕물이다
작은 농수로에서 내려오는 물도
폭포처럼 쏟아지는데
왜가리 흠뻑 젖어 낚시한다
쉼 없이 내리는 비가 내 온몸을 부수듯 때린다

닭살이 돋고 볼이 오그라드는 듯하다
비 맞는 것이 싫지 않다
뭔가 나의 찌든 마음을 씻어 주는 생명수 같다
좋은 책 한 권 읽은 것 같아서
일 년에 한 번 두 번은 비를 맞는다
내 온몸을 쓰다듬는 투박하고 부드러운
엄마 손이다
비가 좋은 걸 어떡해?

말복

양치 후 물을 마시고
긴 바지 긴 팔에 바람막이 걸치고
선크림 모자 목장갑 끼고 휴대폰 던지고
운동화 타고 집을 나선다
아파트 빌라촌 지나지도 못했는데
흠뻑 끈적하게 옷이 몸에 감긴다

논둑길 지나 아라뱃길
뜨끈뜨끈 숨이 턱턱 막힌다
고촌 현대아울렛 쪽으로 길을 잡아 본다
사람 한 사람 보이지 않고
온통 조용한 세상 내 세상이다
아라뱃길 물장구치는 물고기도 없다

살살 뛰어본다
눌러쓴 모자 끝 땀이 떨어진다
얼마나 뛰었을까? 약 30분 도저히 못 뛰겠다
그늘 찾아서 걸음을 멈춘다
가슴은 답답하고 열이 오르며 멍해진다
털썩 주저앉아 길게 누워 하늘을 본다

조금 편안해진다
땀은 송송 볼을 타고 또 목덜미로 흐른다
몸이 깨끗해지는 것 같다
무언가 몸에 불필요한 것이 빠져나가는 것 같다
개운함에 기분이 좋아진다
하늘 구름 나무 매미 소리 귀 눈에 들어오는 것을
차분히 살펴본다
겨울 봄 여름 오늘이 있도록 이 모두는 얼마나
열심히 살았을까?
나무 매미 강아지풀 눈에 보이는 구름
태양 물고기 바람은요
등도 따뜻하고 나른하다
그냥 길게 더 누워있고 싶다

몸이 말한다
목이 마른다
비실 점잖게 앉아 본다
땀을 너무 많이 흘렸나 보다
멍하고 일어날 수가 없다
얼마나 더 앉아 있다가 일어나 아기처럼 걷는다

이렇게 걸어서 언제 집에 가나 싶다
화장실 가글을 하고 세수와 손을 씻으니
좀 낫다
충전소에 들러 물을 마신다
고맙다 물이 고맙고 충전소가 고맙다
힘이 좀 낫다

집 바밤바에 물을 마신다
샤워 후 기분은 모두 잘 아시잖아요
일 년 후 이 기분 맛보겠네요

오늘 난 무척 미련했다
3회차 응급처치법 강사이다
그런데 나쁘지 않다
또 할 것이다

눈 마중

간밤에 눈이 왔어요
난 오늘 일을 하지 않으련다
산을 가련다 눈 마중 가련다

푹푹 빠지는 눈
발자국 없는 산길을 더듬어
더 높이 더 깊숙이 하얀 세상 마주하며 자연의
위대함에 고개 숙여 마음으로 노래하련다

한발 한발 앞으로 앞으로
눈 무게를 못 이긴 소나무가 꺾기고 부러져
마음이 피 저린다
내가 우리가 우리나라가 아끼는 아름다운
소나무가 가지와 허리가 꺾여있어서
참 피 슬프다

바람 없이 내린 눈이 푸른 솔 솔잎 사이에 차곡차곡
쌓여 날이 추워지자 마치 시멘트가 철근을 움켜잡듯이
눈이 솔잎을 움켜잡아 떨어지지 않고
눈에 눈을 더하니 그 무게를 이기지 못하고

그 크고 아름다운 나무가 모질게 버티어온 생을
한순간에 마감했다
그 긴 시간 겨울이 몇 수십 개요
산 강 셀 수 없는 바람 비 무지개 천둥 눈 태풍은요
스쳐간 나그네들은요

소나무 생각에 마음 아프나
눈이 오지 않으면 바삭바삭 마른 산 더 큰 재앙에
겁도 난다
사실 봄이면 많은 산불로 아낌없이 주는 산 나무가
수난을 격는다

엄마의 마음일까
아버지의 마음일까
누구의 편도 아니다
눈이 적당히 오기를 바라며
소나무 밑에서 기회를 잡아 보려는
작은 나무는 어쩌나
부러진 소나무에 숲 틈이 생기면 스며드는 햇빛에
작은 나무들의 치열한 삶이 시작될 것이다

그럼
내 마음은 산으로 가는가 바다로 가는가
자연의 섭리에 내 마음 정리 해야 하는가

보기만 해도 눈이 시원한 솔
솔향에 멈추어 주저앉는 발걸음
고집 센 붉은 솔 배 당당하고
솔 그림 그려 내 방에 모시고
솔은 철학을 낳고 시는 노래로
그 노래 들으며 솔 숲길 걸으리
이 모두는 하얀 신사 눈이 낳은 것이리라

하얀 여행

뽀드득 눈이 왔어요
고요한 들녘 참 하얀 세상
내 발자국 마음 가는 데로
마치 이 세상 나 혼자 사는 것처럼
춤추는 인형 되어 대장처럼 걸어 본다

걸음걸음 흥 리듬 장단 되어
하얀 세상 빠른 걸음 느린 걸음
춤이 되어 세상 사람들에게 흥이 되고
내 마음 퐁당퐁당 소풍 길인데
춤추지 않을 자신이 없다

인사동 나들이

수수깡 안경

붉은 수수
수수떡 아시나요
찰 수수떡
수수 찰밥

찻잔 테이블

소나무
한 잔의 차
한 조각 군 과자

디딜방아

메밀 녹두 등 빻아
체로 쳐서 고운 가루
메밀전 녹두전 고소한데
누나 형님 방아 찧기 노고에
난 놀고먹는 베짱이

지게와 싸리 삼태기 회양목 피리

삼태기 가득
허풍 허영 걷어내고
안정과 여유 여행 책
한 삼태기 두 삼태기
내 곁에 있기를

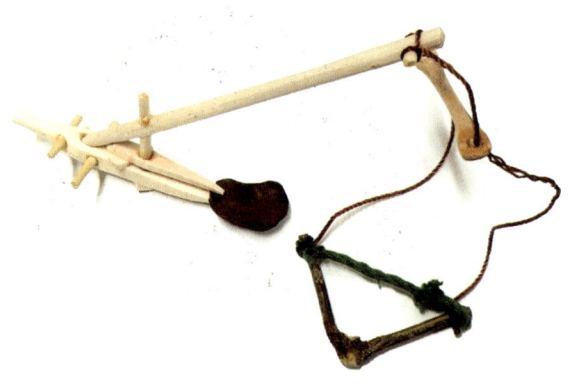

쟁기

이른 봄 아버지 밭 갈 때
겨우내 배곯은 새들의
잔칫날은 오늘이네
비상을 꿈꾸던 굼벵이는
빨리 숨어야 할 것이다
밭 갈아 꽃피면 수정도 해야 하잖아

조리

엄마가
저녁 준비를 하신다
알곡 속 모래를 골라내신다
요리조리 요리조리
조리가 수고한다

솟대

높이 더 높이
성역 경계의 상징으로
마을의 수호신으로
세우는 신목으로서
솟대로 대신한다

물레

돌레 돌레 물레 돌레
실이 북으로 이사 간다
이제 삼베 모시 명주
예쁜 옷 입으리라

새총

어린 날 새총 만들어
하늘 높이 더 높이 쏘면
새 푸드득 날아 빼꼼
나무 끝에 자유롭다

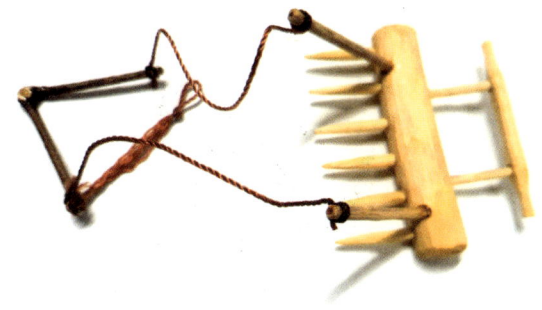

써레

공평하게 평평하게
겨울 휴면의 논밭 봄 쟁기로 갈면
써레 흙덩어리 부수어 평평하게 물 대어
다랑논 모심으면
초록 여름 황금 들녘 가을 그림
풍경과 풍요는 모두의 행복입니다

목피리

때죽나무 목피리
맑은소리 목피리
하회탈 목피리
목피리 이뻐라

코뚜레

송아지 이쁜데
소가 되면 고집이 세어
애지중지 농작물 마음대로 먹어
큰 누렁이 통제 어려워
코뚜레 하지요

지게

지게 목발 두드리며
숲속 친구들아 길을 비켜라
지게 장군 나가신다
지게 한 짐 나무로
정겨워라 굴뚝 연기

맷돌

팥 콩 옥수수
알곡 부드럽게 갈아
인절미 영양죽 만들어
우리 할머니 드리면
행복해하시는 모습
맷돌은 할머니 행복이다

떡메

곱게 빻아 시루에 쪄
안반 위 올려 놓고
떡메로
한 번 치면 퍽
두 번 치면 척
세 번 치면 짝
네 번 치면 떡 떡메와 한 몸 되어

버들피리

송사리 몰며
물장구치고
갯버들 꺾어 불던
풀피리 버들피리

싸리 삼태기

삼태기에
볏짚 콩깍지 담아
소죽 끓여요

목피리

때죽나무와 버드나무로
목피리를 만들어 봤어요

소달구지

어릴 적
서천교 방죽길 따라
외할아버지가 태워주시던
느릿느릿 소달구지

인사동 경인미술회관

또 다른 여행을 맛본다
얼마 전 멀리 고창에서 전화가 왔다
아름다운 선생님의 초대로…

한 치 앞을 모르는 게 인생
인생은 짧은 연극이다

서평-자연애인의 『순자의 고추잠자리』

『순자의 고추잠자리』는 단지 한 권의 시집이 아니다. 그것은 오래된 나무의 나이테처럼 시간과 기억, 자연과 사람이 겹겹이 쌓여 만들어낸 삶의 결이자 숨결이다. 나는 시인 박영대와 오랜 시간을 함께해 온 지인이다. 같은 숲해설가로서, 숲과 자연을 삶의 중심에 두고 살아가는 그와 나는 자주 나무 아래서, 들꽃 곁에서 삶과 자연, 시에 대해 이야기해 왔다.

그의 시집 제목인 『순자의 고추잠자리』는 시인의 어머니 '순자' 여사의 이름을 따온 것으로, 생전에 어머니가 유난히 좋아하셨던 '빨간 고추잠자리'는 시 전반에 걸쳐 상징적이고 정서적인 중심으로 자리 잡고 있다. 고추잠자리는 자연 속 생명의 환함이자, 어머니를 향한 그리움의 붉은 흔적처럼 느껴진다.

이 시집은 전문 시인의 정교함보다는, 숲길을 걷다 문득 떠오른 감정과 기억을 덤덤히 꺼내놓는 자연인의 손 글씨 같은 시들로 채워져 있다. 가끔은 투박하고, 때론 다듬어지지 않은 문장들도 보이지만, 오히려 그러한 표현들에서 나는 그의 진심과 인간미를 느낀다. 꾸미지 않은 자연처럼, 이 시집은 읽는 이로 하여금 '진짜'를 마주하게 한다.

무엇보다도 인상 깊은 것은 시집 마지막에 담긴 작가의 손수 제작물들이다. 나무 피리, 지게, 솟대 같은 전통 물건들은 그저 장식이 아니라, 작가가 자연을 단순히 시의 소재로 삼은 것이 아니라 '몸으로 살아낸' 흔적이다. 이는 그가 자연과 어떻게 함께 살아왔는지를 말없이 증명해 준다. 요즘 보기 힘든 물건들을 손으로 직접 만들어내는 그의 삶 자체가 한 편의 시이며, 그 정성은 책장을 넘기는 손끝에까지 전해진다.

다만, 시인의 시적 표현은 여전히 완성형이 아니라, 성장하고 있는 씨앗처럼 보인다. 누군가는 이 시집에서 문학적 깊이나 세련됨이 부족하다고 평가할 수도 있다. 하지만 나는 안다. 그가 얼마나 자연 앞에 겸손한 사람인지, 그리고 얼마나 사람을 사랑하는 눈으로 세상을 바라보는지를. 이 시집은 그 마음이 모여 이뤄진 결실이다.

『순자의 고추잠자리』는 단순한 시집이 아니라 삶과 자연, 그리고 사랑을 기억하는 한 권의 다이어리이다. 시인의 손때가 묻은 글과 물건들을 통해, 독자들도 잠시 일상을 멈추고 자연과 추억 속으로 걸어 들어가는 따뜻한 시간을 가지게 되기를 바란다.

한국숲유치원협회 인천지회장
교육학박사 **김서경**

진원시선 · 63

순자의 고추잠자리

발 행	2025년 4월 23일
저 자	자연애인
펴낸곳	도서출판 진원
주 소	인천광역시 남동구 인주대로 754(구월동)
전 화	032-467-4544~5
팩 스	032-467-4543
이메일	j4674545@nate.com
출판등록	제25100-1998-000008호
인쇄·제본	진원디자인프린텍

저작권자 ⓒ 자연애인
본 도서의 저작권은 저자에게 있습니다.
서면에 의한 저자의 허락 없이 내용의
일부를 인용하거나 발췌하는 것을 금합니다.

※저자와 협의, 인지는 생략합니다.
※잘못된 책은 바꿔 드립니다.

ISBN 979-11-93046-21-0

값 14,000원